PROGRAMME POLITIQUE

RÉPONSE

DE

M. JULES GUICHARD

CONSEILLER GÉNÉRAL DE L'YONNE

A

M. HORSIN

PRÉSIDENT DE L'ALLIANCE RADICALE RÉPUBLICAINE SÉNONAISE

CONSEILLER MUNICIPAL DE SENS

PARIS

TYPOGRAPHIE GEORGES CHAMEROT

19, RUE DES SAINTS-PÈRES, 19

1885

PROGRAMME POLITIQUE

RÉPONSE

DE

M. JULES GUICHARD

CONSEILLER GÉNÉRAL DE L'YONNE

A

M. HORSIN

PRÉSIDENT DE L'ALLIANCE RADICALE RÉPUBLICAINE SÉNONAISE

CONSEILLER MUNICIPAL DE SENS

PARIS

TYPOGRAPHIE GEORGES CHAMEROT

19, RUE DES SAINTS-PÈRES, 19

1885

A M. HORSIN

PRÉSIDENT DE L'ALLIANCE RADICALE RÉPUBLICAINE SÉNONAISE

CONSEILLER MUNICIPAL DE SENS

Monsieur,

J'ai lu dans le journal *l'Yonne*, du 15 janvier, la lettre et le programme de l'Alliance radicale républicaine sénonaise, que vous avez adressés aux membres du Conseil général, du Conseil d'arrondissement et des conseils municipaux de la circonscription de Sens (1).

Votre programme est à peu près le même que celui adopté, pour le moment, par les comités radicaux de Paris et des départements.

Je crois devoir sortir de ma réserve habituelle pour vous répondre, non pas avec la prétention de vous convaincre, mais dans le dessein d'éclairer les citoyens qui nous liront.

Combien d'entre eux, n'ayant pas le temps d'approfondir des sujets complexes, sont exposés à se laisser séduire par des formules d'aspect simple, dont il importe de leur faire envisager les conséquences.

Vous débutez par reprocher aux républicains opportunistes d'avoir voté à Avallon et dans le XVIe arrondissement de Paris, au deuxième tour de scrutin, pour le candidat réactionnaire et non pour le candidat radical. Tout d'abord, le fait que vous avancez n'est nullement prouvé; le fût-il, qu'il y aurait encore lieu d'en apprécier les causes spéciales.

(1) Voir page 29.

A Avallon, le candidat des radicaux était le sous-préfet de l'arrondissement ; il n'avait pas donné sa démission avant le temps fixé par la loi ; il était inéligible, et malgré sa parfaite honorabilité, il offrait un mauvais exemple en acceptant la candidature. Lorsque les agents de l'administration, dont la mission est de faire respecter les lois, se mettent à les enfreindre, les électeurs que vous accusez, et dont je serais loin d'approuver la conduite, auraient droit, au moins, à des circonstances atténuantes.

Pour le XVIᵉ arrondissement de Paris, le cas est plus significatif. Le candidat adopté par les radicaux avait été rayé des cadres de la marine où il était officier. Les électeurs sont-ils coupables de ne pas l'avoir jugé digne de représenter la France au Parlement, lorsqu'il avait été déclaré indigne de porter l'épaulette ?

Voilà ce que vous avez oublié de dire, et ce qu'il est utile de rappeler.

Vous opposez ensuite le principe républicain au principe opportuniste.

Il n'y a pas de parti opportuniste ; mais il n'est pas un homme arrivant au pouvoir, ou prenant au sérieux les intérêts qui lui sont confiés, qui ne soit obligé de compter avec les circonstances et les obstacles qui se présentent.

On est opportuniste ou inopportuniste, comme on est utile ou inutile, patient ou impatient. Être opportuniste, c'est faire les choses en temps et lieu, semer et récolter, suivant les saisons propices. Libre à vous d'agir tout autrement. Cependant, votre liberté ne devrait pas aller jusqu'à dénaturer les paroles et les écrits de ceux que vous combattez.

Ainsi, vous incriminez M. J. Ferry pour avoir parlé de « ses opinions successives ». Ces paroles eussent été une énormité s'il s'était agi de questions de principes, mais il s'agissait de propositions que le chef du cabinet avait modifiées afin d'arriver à se mettre d'accord avec la majorité parlementaire. Est-il rien de plus correct ? Est-ce que, dans les assemblées législatives ou municipales, on obtient, en général, la solution des affaires en discussion, autrement que par des concessions mutuelles ?

Quant à l'article du *Temps*, dont vous citez deux lignes, on doit supposer que vous ne l'avez pas compris. L'auteur se moquait des faiseurs de programmes, et à la suite, des candidats qui les acceptaient; il blâmait les uns autant que les autres.

Voilà ce que vous appelez des preuves à l'appui pour accuser les opportunistes *de méconnaître les principes les plus sacrés!*

Après des accusations si mal justifiées, vous voulez bien faire appel à l'union; mais en termes tels, que vous semblez avoir voulu creuser un abîme entre les républicains sans épithète dont je suis, et les radicaux au nom desquels vous prétendez parler.

La première condition d'une entente est de respecter ceux qu'on y convie. Or, vous gratifiez de toutes les inepties les hommes politiques que vous traitez d'opportunistes, à l'imitation de MM. Henri Rochefort et Granier de Cassagnac, qui s'unissent chaque jour pour conspuer « la bande opportuniste ».

Il existe des feuilles qui se disent républicaines et qui traitent couramment les chefs de la majorité du Parlement, depuis Gambetta jusqu'à Ferry, de voleurs, menteurs, escrocs, bandits, assassins.

Vous nous présentez le même programme que ces feuilles et vous parlez d'union.

Sur quelles bases pourrait-elle se faire?

Notre conviction est que si vous parveniez à entraîner avec vous une partie du corps électoral, la République risquerait d'être conduite à sa perte comme elle l'a été en 1849.

Les fautes se payent; les élections que vous citiez tout à l'heure n'en sont-elles pas la preuve? Est-il impossible que ce qui s'est passé à Avallon et au XVIe arrondissement de Paris se représente ailleurs?

Personne n'est maître du suffrage universel; il est omnipotent pour le bien comme pour le mal.

C'est pourquoi nous avons besoin de l'éclairer, d'inspirer confiance à la masse des électeurs, au lieu de chercher à satisfaire les impatients et les inventeurs de systèmes politiques et sociaux.

Il faut avant tout songer à la France, et ne pas perdre de vue la situation qui lui est faite à l'étranger.

Les gouvernements monarchiques ne peuvent que se réjouir

de la publication de vos programmes et de vos attaques répétées contre les hommes qui sont à la tête de la République. La défaite de 1870 et la résistance héroïque de la population française avaient excité la sympathie de tous les peuples, à défaut de celle de leurs souverains. L'insurrection de la Commune, sous l'œil des vainqueurs, nous a fait regarder comme une nation d'affolés.

A l'encontre de ce qui a eu lieu en 1789, en 1830 et en 1848, pas un pays voisin n'essaye aujourd'hui de suivre l'exemple de la France.

Nous sommes complètement isolés.

Le premier devoir des républicains est de consolider les nouvelles institutions, d'apaiser leurs divisions, de montrer aux peuples qui nous regardent, que le gouvernement issu du suffrage universel peut être fort et respecté. Il y a mieux à faire que reviser encore une fois la Constitution, retirer au pouvoir central les attributions sans lesquelles l'unité nationale disparaîtrait, et imputer tous les méfaits aux chefs et aux membres de la majorité parlementaire.

Cela dit, parce que votre lettre ne devait pas rester sans réponse, j'aborde la discussion des dix-sept articles de votre programme.

ARTICLE PREMIER. — *Revision de la Constitution dans un sens démocratique par une suppression du Sénat.*

Je passerai brièvement sur la question de la revision; elle a été tranchée par le Parlement réuni en Congrès. La minorité a protesté bruyamment contre la solution adoptée, mais, en définitive, sous le régime du suffrage universel, c'est la majorité des élus qui représente l'opinion dominante du pays; cette majorité ayant été en moyenne de cinq cents voix (500) contre trois cents (300), il n'est pas à présumer qu'elle se déjuge avant longtemps.

Si vous voulez prendre la peine de pointer les votes, vous remarquerez que parmi les 300 voix composant la minorité, il y en a 140 provenant d'ennemis déclarés de la République, tandis que, dans la majorité, vous ne trouverez pas une seule voix qui ne soit républicaine. Le fait est facile et utile à vérifier.

Néanmoins, la suppression du Sénat reste l'objectif des radicaux, des intransigeants, et de l'Alliance radicale républicaine de Sens dont vous êtes l'organe.

La suppression du Sénat entraînerait sans doute la suppression de la Présidence de la République, c'est-à-dire du pouvoir exécutif, nommant les fonctionnaires, représentant la République auprès des puissances étrangères, planant au-dessus des passions parlementaires de façon à assurer un lendemain à tout ce qui forme l'ensemble d'un État organisé; ou bien, si la Présidence de la République était maintenue, lorsqu'un conflit éclatera entre les deux pouvoirs, le plus fort des deux renversera le plus faible, — comme au 2 décembre 1851.

Admettons plutôt le Sénat supprimé, le pouvoir exécutif absorbé, la Chambre des députés restera seule maîtresse absolue des destinées de la nation, avec une autorité qui n'aura aucun contrepoids.

Mais dans cette Chambre unique, qui fera la loi? La majorité?

Qu'est-ce donc que la majorité d'une Chambre?

Souvent elle dépend d'une voix, d'une coalition d'intérêts rapprochés pour détruire, mais incapables de s'entendre pour édifier.

N'oublions pas ce qui s'est passé il y a quelques années.

L'Assemblée nationale de 1871 a renversé M. Thiers, le 24 mai, grâce à la défection inattendue de six de ses membres, lesquels ont été récompensés le lendemain par le parti vainqueur.

Cette même Chambre, nommée pour traiter la question de paix ou de guerre, n'a pas voulu se dissoudre; elle s'est déclarée constituante. La force des choses lui a imposé, à la majorité d'une voix, une constitution républicaine; mais elle s'était réservé la nomination de 75 sénateurs inamovibles qu'elle comptait choisir parmi les plus fidèles adversaires des institutions démocratiques. Nouveau coup de théâtre! Grâce à une combinaison habilement conduite qui a su mettre en jeu des jalousies personnelles, sur les 75 inamovibles, 62 républicains ont été nommés au scrutin secret.

Telles sont les surprises produites par une Chambre unique.

Quel est le pays où pareille aventure ait été tentée?

Au début de la Révolution française, l'épreuve a été faite avec la Convention. Tout ce que la France comptait d'hommes de valeur, jeunes, ardents au bien, patriotes exaltés, faisait partie de la Convention.

L'ennemi était aux frontières, la guerre civile à l'intérieur; comment a fini l'élite des membres de la Convention? Ils se sont guillotinés les uns les autres, et après eux, il n'est plus resté que des sceptiques découragés, qui se sont jetés dans les bras d'un sauveur.

Sans être aussi dramatique, l'exemple de la Législative de 1849, avec ses dissensions et sa fin au coup d'État de 1851, n'est pas plus rassurant.

Je cite de l'histoire. Que citera-t-on à l'appui d'une Chambre unique? Une expérience heureuse faite quelque part? Non, il n'en existe pas. Oserait-on affirmer que les passions politiques sont apaisées, qu'il n'y a plus de haines personnelles, plus de coalitions?

Je fais appel à tous les hommes impartiaux pour conclure que la suppression de la seconde Chambre serait un danger pour la République et pour la France, qu'il n'y aurait pas de frein aux entraînements, aux surprises, à l'arbitraire d'une Chambre unique.

Telle est la conviction du plus grand nombre des républicains. Ils aiment mieux confier à *trois gardiens qu'à un seul,* les libertés si chèrement acquises, la paix intérieure et extérieure, la fortune publique et privée, la dignité et l'honneur de notre cher pays.

ARTICLE 2. — *Séparation de l'État et des Églises. — Suppression du budget des cultes. — Dénonciation du Concordat.*

La séparation de l'État et de l'Église catholique, pour ne parler que de la principale, est une nécessité qui n'a plus besoin d'être démontrée.

L'État est laïque; sa mission est de protéger la liberté de conscience de tous les citoyens sans distinction de croyances. Chacun doit subvenir aux frais de son culte particulier ; dans ce but, il doit être libre de s'associer, de donner, de tester, de disposer de ce qui lui appartient, suivant sa volonté, dans les limites assignées par le Code.

Tel est le principe rationnel. Pourquoi n'est-il pas appliqué?

C'est que depuis Clovis jusqu'en 1789, c'est-à-dire pendant treize siècles, l'Église romaine a dominé en France. Exterminant ses ennemis par le fer et par le feu, elle a su entretenir la foi de ses fidèles par le baptême, la communion, l'extrême-onction, les pompes du culte, la charité, l'enseignement du sacrifice, la promesse du paradis et la crainte de l'enfer.

La Révolution a brisé la royauté, proclamé les droits de l'homme, confisqué les biens du clergé; mais la foi religieuse a été respectée. La philosophie sceptique du xviiiᵉ siècle n'avait guère pour adepte qu'une partie de la noblesse et de la bourgeoisie. Les masses allaient aux offices des prêtres assermentés ou non, qui à partir de 1792 n'eurent plus d'autres ressources que les subsides des fidèles. Robespierre a essayé de détourner le courant religieux au moyen du culte de l'Être suprême; la tentative a avorté.

En 1801, le Premier Consul, voulant assumer dans sa main l'autorité absolue, n'a pas trouvé de meilleur moyen que de restaurer officiellement le culte catholique. Il a conclu le Concordat, il a salarié les membres du clergé, à la condition que l'État aurait sur eux une autorité primant celle de l'Église de Rome. Le pape, représentant du principe d'autorité, a préféré céder une partie de ses droits au pouvoir séculier, plutôt que de subir le régime de liberté inauguré par la Révolution.

La Restauration, la Royauté de 1830, la République de 1848, le second Empire ont continué le *modus vivendi* établi par le Concordat, avec des tolérances plus ou moins larges. Il y a eu des conflits, des luttes temporaires, mais en définitive, l'État a toujours fait prévaloir sa prépondérance.

Aujourd'hui les radicaux proposent de dénoncer sans retard le Concordat, de supprimer le budget des cultes.

Quelles seraient les conséquences de cette mesure radicale?

Ne risquerait-on pas de détacher de la cause républicaine une fraction des populations qui s'y sont ralliées, si l'on venait à les troubler dans la pratique de leur culte traditionnel?

Les catholiques, obligés de subvenir aux frais du culte, ne profiteront-ils pas de la liberté d'association pour former des sociétés qui, sous le nom de secours mutuels, ou autre, absorberont bientôt une partie de la fortune privée?

On fera des lois, dit-on, pour que les catholiques ne puissent donner, tester, disposer de leurs biens, en faveur de ces sociétés. Mais ce seront des lois d'exception, arbitraires, jurant avec le régime de tolérance et de liberté qui est dans les mœurs.

Ces lois mêmes seront éludées. L'influence de Rome s'étend aussi bien sur les étrangers que sur les Français; les catholiques étrangers seront substitués, s'il le faut, aux nationaux, pour posséder. C'est ce qui a été fait déjà pour les propriétés des congrégations non reconnues.

Comment empêchera-t-on les associations fondées pour subvenir aux frais du culte, de devenir des sociétés politiques qui sont actuellement interdites aux ecclésiastiques, grâce au pouvoir que l'État tient du Concordat? De même que les libres penseurs ont le droit de se fédérer, comme ils l'ont fait dans l'Yonne, et de fonder une ligue radicale, les sociétés catholiques avec leurs prêtres en tête, soutenus et dirigés par la cour de Rome, seront libres de réclamer le bénéfice du droit commun, de former une ligue innombrable, disciplinée, ardente à la lutte contre l'État républicain.

Avez-vous bien pesé, Monsieur, les conséquences de la suppression des traitements ecclésiastiques et de la liberté rendue au clergé des 36,000 communes de France?

Est-il prudent, est-il sage de provoquer une agitation religieuse, de soulever une armée de catholiques qui, se croyant persécutés, ou pour le moins violentés dans l'exercice de leur culte, se rangeront sous la bannière des prêtres libres?

Ne vaut-il pas mieux que le retour au principe rationnel se fasse lentement, mais sûrement, sans violence, par le progrès naturel des mœurs?

Il est permis de risquer beaucoup tant qu'il s'agit de soi personnellement; mais dans les questions qui intéressent le repos ou la prospérité du pays, on serait impardonnable de rien livrer au hasard et à l'imprévu.

Nous concluons :

La dénonciation du Concordat créerait à coup sûr un danger

sérieux pour la République. Les républicains qui ne veulent pas compromettre les conquêtes passées préfèrent, même au prix du lourd sacrifice qu'impose le budget des cultes, ne pas désarmer l'État des droits que lui confère le Concordat, avant que les lois en vigueur sur l'instruction générale aient porté leurs fruits.

En attendant, l'instituteur est indépendant dans l'école, le maire dans la commune, le prêtre dans l'église.

On peut respirer après cette première étape franchie; elle a coûté bien du temps et bien des luttes. La seconde étape, la dernière qui aboutira à la liberté complète viendra à son heure. La semence est en terre, la moisson ne doit être faite que lorsque le fruit sera mûr.

Aux impatients qui veulent aller trop vite, nous conseillerons de réfléchir à ce qui vient de se passer chez nos voisins de Belgique.

ARTICLE 3. — *Laïcisation des hôpitaux et établissements charitables, fonctionnant sous le contrôle de l'État, du département et de la commune.*

Il est incontestable que l'État, le département et la commune ont le droit et le devoir de maintenir une administration laïque dans tout établissement hospitalier ou charitable existant sous leur dépendance, comme de veiller à ce que la liberté de conscience de tous ceux qui y trouvent asile, soit absolument respectée.

Il n'y aurait rien à objecter à cet article de votre programme, s'il ne contenait pas, en sous-entendu, l'expulsion des sœurs de charité employées dans les hôpitaux.

Une mesure semblable peut être prise par les municipalités; elle serait excessive de la part de l'État.

Les conseils municipaux élus sont les représentants de la majorité des habitants de leur cité; si cette majorité, dans telle ou telle commune, est composée de libres penseurs, d'israélites et de protestants, il est naturel que le service des sœurs soit supprimé dans les établissements hospitaliers de son ressort.

Mais l'État, dont le Parlement est l'organe, comprend la

totalité des Français qui sont, excepté dans quelques départements du Centre, en majorité catholiques.

Où est la nécessité de froisser leurs croyances par une mesure générale?

Que l'on institue des écoles d'infirmières laïques, c'est une création utile que nous ne manquons pas d'encourager. Que ces infirmières soient employées à côté ou à défaut des sœurs, qui pourrait s'en plaindre?

Mais pourquoi ne pas utiliser le dévouement de ces femmes qui, mues par une foi différente de la nôtre, consacrent leur vie à soigner les malades et les blessés? Est-il un soldat tombé pendant la guerre, un contaminé pendant les épidémies qui ait perdu le souvenir des soins qui l'ont entouré?

Oubliera-t-on, même sans être catholique, que les sœurs de charité s'expatrient pour aller partout où leur dévouement peut être utile à nos concitoyens. Elles sont au Tonkin; elles étaient en Crimée; on les a vues à Suez soignant les Arabes comme les Européens, vivant de ce qu'on leur donnait, c'est-à-dire de bien peu; elles sont allées affronter le dur climat de Panama en même temps que les premiers travailleurs du nouveau canal en construction.

Les infirmières laïques quitteraient-elles leur mari, leurs enfants, leur famille pour aller si loin? Oui, sans doute; mais quel en serait le nombre?

Une pareille question ne mérite pas véritablement de figurer dans un programme politique. Au lieu de songer à éloigner du lit des malheureux quelques milliers de sœurs de charité, j'aurais compris qu'on étudiât les moyens de reléguer, dans des conditions convenables, les cent mille récidivistes qui tiennent, dans les grands centres de notre pays, école de vice, de vol et d'assassinat.

C'est une question qui, de préférence, devrait être posée aux candidats; elle est urgente, car plus les lois républicaines sont douces et libérales, plus la police est tolérante ou impuissante, plus grand aussi, dans les villes populeuses, est le nombre des jeunes gens moralement empoisonnés au contact des criminels en disponibilité.

ARTICLE 4. — *L'instruction primaire vraiment laïque, gratuite et obligatoire.*

Nous sommes d'accord.

ARTICLE 5. — *L'instruction secondaire laïque gratuite ouverte à tous.*

Ce que vous proposez ne vaut certainement pas ce qui existe.

Aujourd'hui, l'État accorde un certain nombre de bourses au concours, pour faciliter l'instruction secondaire aux jeunes gens qui se sont distingués dans les écoles primaires par des aptitudes spéciales. Ils rendront plus tard à la collectivité ce qu'elle leur aura donné, en faisant progresser les sciences et les arts qui élèvent le niveau intellectuel d'une nation.

Les autres jeunes gens acquittent les frais de leur instruction secondaire.

D'après votre système, ceux qui peuvent payer ne payeraient plus, mais l'ensemble des contribuables serait obligé de supporter les dépenses dont quelques privilégiés seuls profiteraient.

L'injustice serait flagrante. A moins que, dans votre pensée, tous les jeunes gens de 13 à 18 ans ne dussent suivre les cours des lycées.

Mais alors combien de centaines de millions faudrait-il pour construire lesdits lycées, et combien de centaines de millions pour entretenir les professeurs et les élèves ?

Ensuite, que deviendraient l'industrie, l'agriculture ? que diraient les familles qui ont besoin des bras de leurs enfants ?

Je n'insiste pas davantage.

ARTICLE 6. — *Service militaire obligatoire pour tous. — Suppression du volontariat.*

Nous sommes d'accord.

ARTICLE 7. — *Réforme de l'impôt. — Nouvelle évaluation cadastrale. — Impôt progressif sur le capital ou le revenu.*

La réforme de l'impôt est une question qui demande à être étudiée sans retard, et résolue par les législateurs.

Une nouvelle évaluation cadastrale est réclamée, avec raison, par la masse des propriétaires fonciers ; mais, seule, elle ne serait pas une mesure suffisante.

La propriété foncière est grevée dans une proportion exorbitante ; par suite des centimes additionnels qui vont sans cesse en augmentant, elle paye dans nos contrées de 15 à 20 p. 100 de son revenu brut, tandis que les possesseurs de valeurs mobilières payent 3 p. 100, et que les propriétaires de rentes sur l'État ne payent rien.

En outre, les droits de mutation perçus sur les ventes d'immeubles atteignent près de 7 p. 100, et si la vente est notariée, ils sont grandement accrus par les droits de timbre et les frais de l'acte. Plus la partie vendue est petite et plus proportionnellement ces frais accessoires sont lourds. Je ne parle pas des ventes faites en justice, dont le coût pouvait absorber et même dépasser le prix de certains immeubles, avant la loi récente qui a apporté une réforme sur ce point.

Cependant, la vente des valeurs mobilières s'effectue sans autres frais que le courtage minime dû à l'agent de change, un droit de timbre dont le maximum est de 1 fr. 80 c., et un droit de transmission dont le mode de perception varie suivant la nature du titre, mais qui ne dépasse pas en somme 1/2 p. 100.

Une pareille inégalité de traitement ne saurait se prolonger ; elle décourage les habitants des campagnes qui ne possèdent en général que de la terre ; ils voient baisser chaque jour la valeur de leur propriété que l'épargne renonce à acheter, pour se porter sur les valeurs mobilières.

Une réforme est donc urgente ; mais, comme il est impossible de dégrever la propriété foncière sans compromettre l'équilibre des budgets, il faudra trouver des compensations.

Il y a des matières imposables qui peuvent être chargées plus qu'elles ne le sont, sans nuire à l'industrie vitale du pays. On a cité les alcools.

Vous proposez le remaniement complet du système des impôts, en prenant pour base l'impôt sur le revenu ou sur le capital.

Je ne me reconnais pas la compétence suffisante pour traiter à fond un pareil sujet. Je demande que l'étude en soit faite sérieusement.

Je crois qu'on s'effraye beaucoup trop en France de cette réforme ; appliqué en Italie, l'impôt sur tous les revenus mobiliers l'a sauvée en quelques années d'embarras financiers qui semblaient inextricables.

Mais si nous admettons comme un progrès réalisable l'impôt sur le revenu, c'est à la condition qu'il soit proportionnel et non pas progressif.

Autant il est juste de répartir les charges de l'impôt, en proportion de la fortune de chacun, autant il serait arbitraire de fixer une échelle de progression qui frapperait tout revenu dépassant un chiffre plus ou moins élevé.

La progression de l'impôt, fût-elle modérée et prît-elle pour base, non le revenu total, mais seulement l'accroissement du revenu, conduirait bien vite à des résultats intolérables.

On ne doit pas oublier que le principal élément de la richesse d'un pays est dans l'abondance de ses capitaux. La concurrence entre les capitaux procure le crédit à bon marché. Le jour où l'on viendrait dire aux capitalistes que la loi indiquera le taux maximum au delà duquel leur revenu cessera de leur appartenir pour entrer dans les caisses du Trésor, suivant une progression que l'État sera libre de fixer lui-même, ils perdront toute sécurité.

Ils auront intérêt à diviser leur fortune, à la partager entre leurs enfants pour ne pas être atteints par un impôt excessif. Le stimulant de l'activité humaine, l'intérêt personnel, n'existera plus lorsqu'il s'agira de travailler pour la communauté et non plus pour soi ou les siens.

Les industriels iront à l'étranger porter leurs inventions et toutes les grandes entreprises.

L'impôt progressif n'est autre chose que la loi du maximum appliquée à tous les citoyens. Or, la loi du maximum a toujours eu pour résultat l'arrêt du commerce et des affaires. Les pays les plus riches et les plus prospères sont ceux où les capitaux ont eu le plus de sécurité et le plus de liberté, tels que la Hollande, l'Angleterre, la Belgique et la France. En Hollande, en Angleterre, la rente est au-dessous de 3 0/0, c'est le taux de l'argent pour les affaires ; en Belgique, en France, la rente est à 4 0/0. Avec l'impôt progressif, la France verrait le taux de l'argent monter immédiatement.

Sans doute les capitaux étrangers seraient attirés par l'intérêt élevé offert en France, d'autant plus que la loi française ne les atteindra pas et que dans leur propre pays ils ne seront pas soumis à l'impôt progressif. Mais alors les capitaux français seront dans des conditions inférieures à celles des capitaux étrangers pour des affaires traitées en France ; les fortunes étrangères seront favorisées et augmentées au détriment de l'ouvrier et du commerçant français, car tout s'enchaîne forcément, et pour avoir voulu atteindre un petit nombre de fortunes particulières, on aura compromis la fortune publique.

ARTICLE 8. — *Suppression des octrois et leur remplacement par un impôt sur la propriété bâtie et non bâtie.*

La suppression des octrois semble devoir être laissée à l'initiative des conseils municipaux, représentants des intérêts de leurs concitoyens.

La situation financière des villes qui perçoivent des droits d'octroi varie à l'infini. Celles qui ont effectué des dépenses d'amélioration, d'assainissement, d'embellissement, et qui ont, par ce fait, contracté des dettes, ont besoin pour les amortir de toutes leurs ressources.

Une loi générale abolissant les octrois aurait des conséquences différentes suivant les localités, et dans bien des cas serait la source de charges écrasantes pour les contribuables ; il en est qui auraient avantage à quitter une ville trop obérée pour aller habiter ailleurs.

Vous proposez de remplacer les recettes de l'octroi par un impôt sur la propriété bâtie et non bâtie. On comprendrait mieux qu'elles fussent remplacées par des centimes additionnels sur les quatre contributions, ou par l'application de l'impôt sur le revenu que vous préconisiez dans l'article précédent. Frapper spécialement la propriété bâtie, aurait pour conséquence l'augmentation immédiate des loyers contre la cherté desquels les plaintes sont déjà nombreuses. Qui donc consentirait à bâtir dans de pareilles conditions? Que deviendraient les ouvriers du bâtiment? Imposer la propriété non bâtie serait encore plus injuste. Une propriété non bâtie dans l'enceinte de l'octroi ne rapporte rien, à moins qu'elle ne soit utilisée par les jardiniers ou les maraîchers.

Imagine-t-on ces derniers surchargés d'impôts, tandis que l'industriel et le commerçant patentés, le rentier, n'auraient pas à supporter les charges municipales? C'est toujours la propriété immobilière que l'on est tenté de frapper. C'était la manière de faire de l'ancien régime ; l'homme du sol était taillable à merci. Le progrès consiste à trouver autre chose et non à revenir à cent ans en arrière.

ARTICLE 9. — *Suppression de la prestation en nature.*

La question n'est pas aussi simple qu'elle le paraît. La prestation a pour but la création et l'entretien des voies de communication. Depuis que les routes se sont multipliées, au grand avantage des producteurs et des consommateurs, dans toutes les parties de la France, la population rurale entre pour une trop grande part dans leur entretien.

Les routes nationales seules sont entretenues par l'État, c'est-à-dire par l'ensemble des contribuables ; il serait juste que l'État entretînt également les routes départementales, le département les chemins vicinaux de grande et petite communication, et que les communes n'eussent plus à leur charge que les chemins ruraux. La répartition des charges ainsi établie en toute équité, il resterait à trancher la question des prestations en nature. On a proposé de les supprimer en les remplaçant par des centimes additionnels sur les quatre contributions.

Les services de la vicinalité sont favorables à cette solution, car ils manquent de fonds pour beaucoup de travaux que la prestation en nature ne facilite pas. Aussi, pour engager les prestataires à s'acquitter en argent, a-t-on maintenu à un taux très bas le tarif de la journée des hommes, des chevaux et des voitures. Nonobstant ce bas prix, les habitants des campagnes n'acquittent qu'exceptionnellement leurs prestations en argent. Ainsi, dans le département de l'Yonne, 80 0/0 des prestations se font en nature, et 20 0/0 se   ayent en argent.

Dans les localités à proximité des lignes de chemin de fer ou d'autres entreprises de travaux qui exigent une main-d'œuvre courante, bien rétribuée, les ouvriers préfèrent racheter leurs prestations et gagner sur les chantiers des journées de 4 et 5 francs ; mais dans la grande majorité des communes, il n'en est pas de même.

On peut citer telle commune du canton Sud de Sens, où le produit du centime n'atteint pas 15 francs. Lorsqu'elle a dû allouer 600 francs à un cantonnier pour l'entretien des chemins à sa charge, il a fallu voter 42 centimes additionnels au principal des contributions.

Le rachat des prestations représentant une somme de 1,300 francs, il faudrait encore ajouter environ 1 franc au principal, de sorte que les frais du cantonnier et la prestation rachetée imposeraient une charge de 1 fr. 42 c. centimes additionnels aux contribuables.

Que l'on demande aux habitants de cette commune s'ils sont partisans de l'abolition de la prestation en nature ?

Ne laisser à la charge des communes que les chemins ruraux et leur abandonner le choix d'acquitter les prestations en argent ou en nature ; réformer certains points de la loi actuelle :

Telle est la solution équitable de cette question du programme.

ARTICLE 10. — *Création d'une caisse de retraites pour les vieillards, et création d'hôpitaux pour les infirmes au moyen de la mutualité nationale.*

La mutualité nationale est un bien gros mot; il aurait mérité d'être défini. La mutualité implique l'idée de réciprocité, d'association libre. Ce n'est pas ainsi que vous l'avez compris, attendu que les sociétés de secours mutuels sont en plein fonctionnement. Selon vous, la mutualité nationale serait donc une association forcée, c'est-à-dire la création d'une caisse de retraites aux frais de l'État. Je ne discuterai pas le chiffre de l'impôt énorme qui serait ainsi ajouté aux charges des contribuables, mais seulement le principe qui est radicalement faux.

La prévoyance, l'épargne, sont du ressort de chaque individu qui a des bras valides ; elles doivent être encouragées, facilitées par des lois spéciales, mais ni l'État, ni le département, ni la commune, n'ont à prendre à leur charge le sort de celui qui n'a pas voulu travailler ou qui n'a pas su se rendre utile dans le milieu social. Il suffit de lui ouvrir les dépôts de mendicité, où il sera utilisé tant bien que mal.

S'il en était autrement, le travail des uns aurait à entretenir la paresse et la mauvaise conduite des autres.

Quant au travailleur, à l'homme qui n'a pas de capital, et qui sait gagner sa vie, il est du devoir d'une société bien organisée de lui faciliter les moyens de n'être à la charge de personne quand les forces lui manqueront, et de proportionner les ressources qu'il trouvera dans ses vieux jours, à la somme de travail et d'épargne qu'il aura fournie.

Dans ce but, plusieurs systèmes sont mis en pratique. Les sociétés d'assurances, les caisses de retraites créées par les industries privées et les Compagnies, les sociétés de secours mutuels subventionnées par l'État, les caisses d'épargne postales, enfin la caisse de retraites pour la vieillesse fondée en vertu de la loi de 1850, ont déjà rendu de grands services aux ouvriers qui ont su assurer leur retraite sans rien devoir à personne.

Il est vrai qu'en majeure partie les journaliers n'ont pas la prévoyance de mettre de côté l'épargne qui soulagerait leur vieillesse.

Un des hommes qui ont fait preuve du plus grand dévouement pour les intérêts ouvriers, Martin Nadaud, a proposé comme remède une retenue obligatoire sur les salaires, perçue et gérée par l'État jusqu'au jour du règlement de la retraite.

Ce système a été écarté après de longues discussions qui se sont renouvelées à la Chambre des députés à la fin d'octobre dernier.

L'assurance obligatoire a été rejetée parce qu'il n'a pas semblé possible d'obliger un citoyen quelconque à faire un usage déterminé de ce qu'il gagnait, de ce qui était sa propriété.

Tel ouvrier de la campagne, par exemple, achète de la terre avec le salaire qu'il a gagné ; tel autre achètera des obligations ou des valeurs dans lesquelles il aura confiance.

Le projet de Martin Nadaud n'a donc pas été adopté, mais il est résulté des débats que la loi en cours de discussion et votée en première lecture est l'objet de la plus vive sollicitude de la part des législateurs.

Le but à atteindre est de démontrer aux travailleurs l'intérêt qu'ils ont à confier leur épargne à la caisse de l'État, leur offrant une sécurité absolue.

La loi contient entre autres les dispositions suivantes :

Art. 1er. — A partir du ... la caisse des retraites créée par la loi de 1850 prendra le nom de caisse nationale des retraites pour la vieillesse; elle fonctionnera sous la garantie de l'État.

. . . .

Art. 26. — Dans un délai qui ne pourra excéder une année, la caisse des retraites devra s'être entendue avec les ministères des finances et des postes pour permettre les versements chez les comptables directs du Trésor et chez les receveurs des Postes, ainsi que pour mettre en circulation des timbres de retraite.

Art. 27. — Dans le délai de six mois, une instruction pratique résumant le fonctionnement et les avantages de la caisse nationale des retraites sera affichée :

Dans toutes les mairies ;

Dans tous les bureaux des comptables du Trésor;

Dans tous les bureaux de poste ;

Dans toutes les écoles publiques.

Grâce à cette propagande, il y a lieu de compter sur le développement d'une institution aussi utile.

Le chiffre des déposants à la caisse fondée en 1850 est de 135,000 ; les membres des sociétés de secours mutuels existant dans toute la France sont au nombre de 1,200,000.

Il est permis d'espérer que ces chiffres arriveront à décupler dans un temps donné. En Angleterre, par exemple, où la population ne représente pas les deux tiers de celle de la France, le chiffre des ouvriers faisant partie des sociétés de secours mutuels atteint aujourd'hui 7 millions (4 millions d'hommes et 3 millions de femmes).

Les nouvelles lois françaises sur les syndicats et sur les sociétés mutuelles ont enlevé toutes les entraves à la liberté d'association ; l'instruction primaire ouverte à tous développera l'esprit d'épargne. L'État encourage par ses subventions les associations de secours mutuels ; il administre gratuitement la caisse nationale de retraites pour les vieillards ; il sert aux déposants un intérêt supérieur à celui qu'il reçoit des placements en rentes et des émissions du Trésor ; tout cela constitue une subvention considérable.

Ces causes réunies prouvent qu'il n'est pas téméraire de prévoir une transformation prochaine dans les conditions d'existence des ouvriers français à l'âge de la retraite, transformation due à leur propre épargne largement encouragée.

Votre projet de mutualité nationale n'aurait-il pas pour effet d'enrayer le mouvement commencé ? A quoi bon épargner, pourraient dire vos adeptes, puisque la collectivité sera forcément chargée de pourvoir à notre sort ?

La question est différente pour les infirmes, les estropiés incapables de travailler et sans moyens d'existence. Une société humaine et charitable a le devoir de les assister. L'organisation de l'assistance fait défaut dans la plus grande partie des communes ; les sociétés de secours mutuels n'admettent pas volontiers parmi leurs membres les faibles et les infirmes. Il appartient aux communes, aux départements et à l'État d'aviser aux moyens de créer et d'entretenir des infirmeries cantonales dans les chefs-lieux de canton.

Sur le chemin de la charité, tout le monde doit se rencontrer.

ARTICLE 11. — *Obligation pour les élus de rendre compte de leur mandat au moins une fois par an.*

Pas d'objection.

ARTICLE 12. — *Élection de la magistrature par le suffrage universel.*

Une magistrature honnête, indépendante, composée de jurisconsultes expérimentés, tel est le but à poursuivre pour la bonne administration de la justice.

Plus le personnel judiciaire sera nombreux, plus il sera difficile de le composer d'hommes d'élite.

C'est pourquoi la véritable réforme de la magistrature aurait consisté à diminuer le nombre des juges par la suppression des petits tribunaux. Les traitements auraient été augmentés sans sacrifice pour le Trésor ; on aurait pu exiger des aspirants le diplôme de docteur au lieu de celui de licencié, ou bien on aurait prolongé leur stage dans les parquets.

Telle était l'opinion de Gambetta. Mais cette réforme n'a pas été accueillie.

La Chambre l'a rejetée en 1880 par un vote dû, pour la plus grande partie, aux préoccupations électorales des députés élus dans les arrondissements menacés. La même idée, reprise trois ans plus tard devant le Sénat, n'a pas eu d'ailleurs un meilleur sort et la loi de 1883 s'est bornée à diminuer le nombre des juges sans toucher à celui des tribunaux.

Nous regrettons ce résultat incomplet. Nous regardons la réduction du nombre des tribunaux comme la meilleure solution que puisse recevoir la question engagée par les républicains.

Vous, Monsieur, vous avez un motif plausible pour réclamer l'élection de la magistrature, attendu que, dans l'article 14 de votre programme, vous voulez la commune libre dans le département libre, et le département libre dans l'État libre. Si jamais vous en arriviez là, le pouvoir central serait réduit à si peu de chose, qu'il importerait peu de lui laisser ou de lui retirer le droit de nommer les magistrats.

C'est ainsi que, dans les Républiques fédérales d'Amérique et de Suisse, les juges sont nommés par les électeurs des États ou des cantons, et encore le principe électif n'est-il pas appliqué partout aux États-Unis. A en croire les plaintes qui s'élèvent dans ces pays contre les magistrats élus, l'institution serait loin d'être enviable ; mais je n'entrerai pas dans la discussion des détails.

Ce que je tiens à faire ressortir, c'est que la France étant un pays unitaire, la nomination des juges doit appartenir au pouvoir central, investi de la confiance de la majorité des représentants de la nation. Ce serait un singulier spectacle que l'élection de juges catholiques, protestants, libres penseurs, républicains, monarchiques ou impérialistes, suivant les régions où dominent les divers partis qui existent en France. Ce serait donner trop de besogne à la Cour de cassation, si toutefois vous en conserviez une dans votre système.

Il est une sorte d'élection des juges dont tous les citoyens sont libres de faire usage en matières civiles et commerciales ; il s'agit du compromis d'arbitrage et du tribunal arbitral. Les arbitres choisis jugent les affaires avec ou sans appel suivant les conventions arrêtées entre les parties. Il existe dans certains centres des cabinets d'arbitres à la disposition de ceux qui veulent y avoir recours.

Lorsque les justiciables n'auront pu se mettre d'accord sur le choix ou l'élection de leurs arbitres, nous pensons qu'ils trouveront plus de garantie dans les magistrats nommés par le gouvernement que dans ceux élus sous l'influence de comités électoraux.

Les juges qui ont une carrière assurée sont autrement indépendants que ne le seraient ceux nommés pour quatre ans, qui auraient à compter avec les électeurs dont leur réélection dépendrait.

Enfin, pour recruter des jurisconsultes se vouant à l'étude et à l'application des lois, ne faut-il pas leur garantir une durée de service au bout de laquelle viendra la retraite?

Qui se présenterait aux élections pour occuper un siège temporaire, dépendant du comité ou de la coterie prépondérante au moment du scrutin, si ce n'est le personnel des chercheurs de places, n'ayant pas un lendemain devant eux?

Je fais appel au bon sens de nos concitoyens pour choisir entre les deux systèmes.

Il est un argument en faveur de l'élection des magistrats qui pourrait séduire quelques esprits indécis, c'est que de 1790 à 1800 les membres des tribunaux ont été élus par le peuple. Ce précédent n'a pas de portée. Lorsque l'Assemblée constituante a admis l'élection des juges, elle avait devant les yeux les abus nés de la vénalité des offices; elle a dépassé le but par un mouvement naturel de réaction contre l'ordre de choses qu'elle venait d'abolir. On ne doit pas oublier d'ailleurs qu'il s'agissait au début de diminuer les prérogatives de la royauté; en attendant la victoire définitive, l'élection des juges était un moyen d'augmenter les pouvoirs du peuple au détriment de ceux du roi. Enfin, le système inauguré en 1790 n'a guère fonctionné que pendant une période troublée, alors que le pouvoir central était affaibli par des émeutes et des insurrections sans cesse renaissantes.

L'état de la France n'est plus le même ; les temps révolutionnaires sont heureusement loin de nous ; les Facultés de droit permettent de recruter régulièrement le personnel des tribunaux, et si la réforme qui en diminuerait le nombre était adoptée, l'institution améliorée offrirait autant de garanties qu'on peut en attendre des œuvres humaines.

Pourquoi traiter le gouvernement de la République comme s'il était incapable de rien faire de bien? Il faut laisser cette tâche aux ennemis de nos institutions ; ils n'ont pas manqué de voter l'élection des juges lorsqu'ils en ont eu l'occasion.

ARTICLE 13. — *Diminution des frais de justice.*

Aucune objection.

ARTICLE 14. — *Décentralisation administrative dans le sens de la plus grande extension compatible avec l'unité nationale. Franchises départementales et communales, c'est-à-dire la commune libre dans le département libre et le département libre dans la France libre.*

Il y a certainement une plus grande extension à donner à l'administration des départements et des communes, sans que l'unité nationale soit atteinte. Mais avec les communes et les départements libres dans l'État libre, il n'y a plus d'unité nationale, à moins que nous ne parlions pas la même langue.

La commune libre dans le département libre, ce n'est même plus une organisation fédérative, comme en Suisse ou aux États-Unis, c'est l'émiettement à l'infini. Il y a une telle contradiction entre le premier et le dernier paragraphe de votre article que je laisse à vos lecteurs le soin d'en tirer eux-mêmes la conclusion.

Notre grande Révolution, dont vous voulez vous inspirer, a maintenu la France une et indivisible ; vous n'en suivez pas la tradition.

ARTICLE 15. — *Questions de paix ou de guerre rendues à la nation.*

Vous devez avoir une idée préconçue, qui vous conduit à des propositions surprenantes.

Pour vous, la majorité du Parlement n'existe pas; le gouvernement actuel de la République, soutenu par cette majorité, ne représente pas autre chose qu'une tyrannie, une usurpation, n'ayant ni foi ni loi.

Il faudrait cependant s'entendre. Sous le régime du suffrage universel, est-ce la majorité élue, ou la minorité, qui représente la nation? La nation peut-elle exprimer sa volonté autrement que par l'organe de ses mandataires élus? Prétendez-vous que les questions de paix ou de guerre soient portées sur la place publique dans chaque commune et soumises à un vote populaire? Il est à supposer que c'est là où vous tendez, car autrement vous ne demanderiez pas qu'on rendît à la nation les décisions concernant la paix ou la guerre.

N'est-ce pas elle qui décide, puisque la guerre ne peut être déclarée sans un vote préalable du Parlement, toujours juge des actes du ministère et toujours libre de le renverser s'il lui semblait compromettre les intérêts du pays?

ARTICLE 16. — *Suppression des guerres de conquêtes, incompatibles avec le régime républicain et remplacées par des traités de commerce. En un mot, politique intérieure s'orientant vers la liberté; politique extérieure cherchée dans un accord délibéré, réfléchi, entre le Parlement et le pouvoir exécutif, au grand jour et en pleine lumière.*

Il est inutile de prolonger des discussions théoriques.

Prenons des exemples, citons des faits que tout le monde connaît : l'expédition de Tunisie, entre autres.

Il existait des traités de commerce entre la France et la Tunisie, depuis un demi-siècle; pressé par l'Italie, le bey, au lieu d'exécuter les traités, les violait à chaque instant; les tribus tunisiennes attaquaient les tribus françaises de la province de Constantine; enfin, dix soldats français furent tués dans la dernière incursion des Tunisiens.

Parce que nous étions sous le régime républicain, fallait-il laisser violer les droits de la France?

Le gouvernement de la République n'a-t-il pas eu raison d'envahir Tunis, de soumettre le bey au protectorat, d'assurer la sécurité de nos frontières algériennes et on peut dire celles de l'Algérie entière? Tout le monde maintenant est d'accord qu'il fallait en venir là et approuve les faits accomplis, même les Italiens, qui ont reconnu la supériorité des lois françaises appliquées en Tunisie.

Et cependant, que d'attaques, que d'injures et de calomnies ont été lancées contre le ministère et contre la majorité du Parlement qui l'a appuyé!

Que serait-il arrivé avec votre théorie de la guerre de conquêtes incompatible avec le régime républicain?

Nous en serions aujourd'hui sans doute à défendre par les armes notre colonie algérienne.

Vous ajoutez : « Politique intérieure s'orientant vers la liberté. »

C'est bien ce qui a lieu pour la politique intérieure de la France; ne pas le reconnaître serait nier l'évidence.

Pour la politique extérieure, vous la voulez dans un accord délibéré, réfléchi entre le Parlement et le pouvoir exécutif, au grand jour et en pleine lumière.

Tout cela est superbe théoriquement; l'accord entre le Parlement et le pouvoir exécutif ne fait pas question; mais pour faire de la politique extérieure au grand jour et en pleine lumière, il faut être le plus fort, et ce qui est donné à l'Allemagne à l'heure actuelle, n'est pas donné aux autres États. La vieille maxime : « Lorsqu'on n'est pas le plus fort, il faut être le plus habile, » a permis à M. de Cavour de délivrer sa patrie du joug des Autrichiens, et à M. de Bismarck lui-même de fonder l'unité allemande.

Entre la méthode appliquée par ces grands hommes d'État et la vôtre, la différence est grande. Pour arriver un jour à rendre la patrie française à nos frères de Lorraine et d'Alsace, vous permettrez bien le choix des moyens, la négociation des alliances, les compensations débattues à l'avance entre les diplomates; ce n'est pas sur la place publique ou à la tribune que de pareilles questions se traitent d'ordinaire.

Sous le régime républicain, il faut avoir confiance dans les hommes qui sont portés à la tête des affaires, il faut les contrôler, et, finalement, les approuver ou les désavouer lorsqu'ils exposent leurs projets; aucun de ces projets ne recevra d'exécution sans l'assentiment des représentants du pays.

ARTICLE 17. — *Enfin, toutes les améliorations et les réformes sociales nécessaires et urgentes qui doivent assurer la juste rémunération du travail et l'accroissement du bien-être individuel et collectif à l'abri des institutions républicaines.*

Le but indiqué est celui auquel nous tendons tous. Seulement pour l'atteindre les moyens diffèrent, et les moyens sont pour beaucoup dans le résultat.

Ceux que vous indiquez dans votre programme sont, en bien des points, contradictoires; vous préconisez la liberté, et vous la mettez de côté pour enlever aux communes mêmes les prérogatives dont elles jouissent sous l'empire des lois actuelles; vous parlez d'unité nationale et en même temps de la commune libre, du département libre dans l'État libre; vous croyez assurer l'accroissement du bien-être général et particulier, avec l'instruction secondaire gratuite pour tous, avec l'impôt progressif, la mutualité nationale obligatoire.

Vous n'hésitez pas à traiter la France comme un vaste champ d'expériences pour l'essai immédiat d'innovations qui ne sont nullement étudiées.

Il est difficile de voir une méthode suivie dans la plupart des propositions que vous nous avez adressées.

Il est une autre méthode qui consiste à prendre la France telle qu'elle est, à perfectionner progressivement ses institutions sans froisser brusquement ses traditions, à transformer les lois surannées suivant les principes de la raison et de la justice, à savoir attendre qu'un progrès soit arrivé à son point de maturité par l'étude, la discussion, la propagande, avant d'en réclamer l'application, afin que la masse du pays le comprenne, l'adopte et soit prête à le défendre.

C'est le moyen le plus sûr de ne pas reculer après avoir avancé.

Enfin, pour la dignité des institutions républicaines, l'influence qu'elles doivent exercer, il importe aux républicains de se respecter les uns les autres, de ne pas accabler d'injures et de mépris les hommes placés à la tête du gouvernement et les membres du Parlement qui les soutiennent. En faisant un si mauvais usage de la liberté, on sème les haines et les rancunes personnelles, on abaisse le niveau moral des corps politiques, à la satisfaction des ennemis de la République.

J'ai terminé, Monsieur, la tâche que je m'étais imposée, estimant qu'il est utile à la cause républicaine de discuter tous les programmes politiques et sociaux.

Nous sommes en pays de suffrage universel, c'est-à-dire soumis à une autorité absolue ; ses erreurs auraient des conséquences incalculables. Comme il s'agit des intérêts de tous, les bonnes intentions du corps électoral ne sont pas douteuses ; mais il n'est pas infaillible ; il demande à être éclairé. Le devoir impérieux des hommes dévoués à la prospérité publique est d'exposer leurs opinions dans le rayon où leur voix peut être entendue.

Tel est l'objet de ma réponse.

JULES GUICHARD,

Conseiller général (canton Sud de Sens),
Conseiller municipal de la Chapelle-sur-Oreuse

16 février 1885.

AUX CONSEILLERS GÉNÉRAUX

D'ARRONDISSEMENT ET MUNICIPAUX

DE L'ARRONDISSEMENT DE SENS

———

CITOYENS,

Le collège électoral de l'arrondissement de Sens est convoqué pour le 18 janvier prochain à l'effet de pourvoir au remplacement de son député à l'Assemblée nationale.

L'*Alliance radicale républicaine sénonaise* (Société de propagande démocratique et d'action politique) fait appel à l'union de tous les vrais républicains, afin que les tristes résultats dont les récentes élections d'Avallon et du XVIe arrondissement (Paris) nous ont donné l'exemple, ne se renouvellent plus. Les hommes politiques modérés que l'on désigne sous le nom de républicains opportunistes, sont les premiers à crier à l'union, et, cependant, dans les élections précitées, c'est une fraction de cette nuance politique qui préfère voter pour un réactionnaire bonapartiste ou légitimiste, plutôt que d'accorder ses suffrages à un radical républicain, alors que celui-ci avait obtenu la majorité au premier tour de scrutin.

Si nous comparons le véritable principe républicain et le principe opportuniste, s'il en est un, nous en tirons comme conclusion que le principe républicain existe tout entier dans le programme que nous soumettons à vos signatures ; c'est le principe de nos pères de 89 et de 92 qui ont fondé le droit et conquis la liberté.

Le principe opportuniste, M. J. Ferry n'en a-t-il pas donné une juste définition, quand récemment encore il s'écriait à la tribune du Sénat : « J'ai des opinions successives » ? Et le journal opportuniste *le Temps* nous a donné un échantillon de son respect pour le principe du suffrage universel.

« Un candidat, dit-il, doit promettre tout ce que lui réclament ses électeurs ; il ne doit chercher qu'une chose, se faire nommer, quitte, une fois élu, à jeter son programme au panier. »

Ainsi donc, et preuves à l'appui, ces hommes méconnaissent les principes les plus sacrés des droits du peuple ; ils crient à l'union et abandonnent la discipline républicaine, quand le candidat de leur nuance n'obtient pas la majorité au premier tour.

Seraient-ils assez naïfs, par exemple, de croire que, nous qui voulons la République avec ses conséquences de liberté, d'égalité, de droit et de justice, nous irions nous jeter aveuglément dans les bras de leur impuissante coterie ?

N'aurions-nous pas avantageusement le droit de leur dire : « Votre République n'existe que de nom, elle est construite dans le moule de la monarchie ; tôt ou tard, si vous ne vous ralliez à nous, elle est destinée à tomber dans les bras du premier sauveur venu. »

Ces modérés ne manqueraient pas de dire que nous sommes des intransigeants, que nous ne tenons compte ni de leur faiblesse, ni de leur crainte, ni de leur hésitation, ni de leur piétinement sur place.

Une union véritablement solide entre les diverses nuances du grand parti républicain, ne peut être contractée que sur une base de ralliement, c'est-à-dire sur un programme sincèrement démocratique.

C'est dans ce but que l'*Alliance radicale républicaine sénonaise* fait appel à tous les partisans des réformes démocratiques ; et nous disons aux opportunistes : « Nous sommes l'avant-garde de la démocratie, nous consentons à faire un pas en arrière à condition que vous ferez un pas en avant, nous vous tendrons fraternellement la main : si vous trouvez que nous allons trop vite, vous nous en ferez observer le danger et vous nous retiendrez; de même que nous vous forcerons d'avancer, quand vous nous paraîtrez trop hésitants; car le progrès suit sa marche latente, et qui n'avance pas, recule. »

Nous adopterons une allure commune, l'amble, par exemple, et, laissant de côté l'égoïsme et la cupidité, nous marcherons de front et avec désintéressement à la conquête des libertés publiques et au progrès du bien-être général.

C'est dans cette pensée que nous vous convions à l'union sur le programme du groupe de la Gauche radicale, qui est le juste milieu entre l'extrême Gauche et l'Union républicaine.

Pour la Commission d'initiative :

Le Président provisoire,

HORSIN,
Conseiller municipal.

CAHIER ÉLECTORAL DU 18 JANVIER 1885

PROGRAMME

1. Revision de la Constitution dans un sens démocratique, par une suppression du Sénat ;

2. Séparation de l'État et des Églises. — Suppression du budget des cultes et abrogation du Concordat ;

3. Laïcisation des hôpitaux et établissements charitables, fonctionnant sous le contrôle de l'État, du département et de la commune ;

4. Instruction primaire vraiment laïque, gratuite et obligatoire ;

5. Instruction secondaire laïque, gratuite, ouverte à tous ;

6. Service militaire obligatoire pour tous. — Suppression du volontariat ;

7. Réforme de l'impôt, nouvelle évaluation cadastrale. — Impôt progressif sur le capital et le revenu ;

8. Suppression des octrois et leur remplacement par un impôt sur la propriété bâtie et non bâtie ;

9. Abolition de la prestation en nature ;

10. Création d'une caisse de retraites pour les vieillards et création d'hôpitaux pour les infirmes au moyen de la mutualité nationale ;

11. Obligation pour les élus de rendre compte de leur mandat au moins une fois par année ;

12. Élection de la magistrature par le suffrage universel ;

13. Diminution des frais de justice ;

14. Décentralisation administrative dans le sens de la plus grande extension compatible avec l'unité nationale. — Franchises départementales et communales, c'est-à-dire : la commune libre dans le département libre et le département libre dans la France libre ;

15. Questions de paix ou de guerre rendues à la nation ;

16. Suppression des guerres de conquêtes, incompatibles avec le régime républicain et remplacées par des traités de commerce. — En un mot : politique intérieure s'orientant sur la liberté ; politique extérieure cherchée dans un accord délibéré, réfléchi, entre le Parlement et le pouvoir exécutif, au grand jour, en pleine lumière ;

17. Enfin, toutes les améliorations et les réformes sociales nécessaires et urgentes qui doivent assurer la juste rémunération du travail et l'accroissement du bien-être individuel et collectif, à l'abri des institutions républicaines.

Sens, le 28 décembre 1884.

Extrait du journal l'Yonne (15 *janvier* 1885).

Paris. — Typographie Georges Chamerot, 19, rue des Saints-Pères. — 1485.